Inhalt

Corporate Reporting / Controlling von immateriellem Vermögen

Kernthesen

Beitrag

Fallbeispiele

Weiterführende Literatur

Impressum

Corporate Reporting / Controlling von immateriellem Vermögen

M. Westphal

Kernthesen

- Immaterielles Vermögen ist ein komplexes Konstrukt, das viele Faktoren umfasst.
- Immaterielles Vermögen ist quantitativ schwer messbar.
- Es gibt kaum rechtliche Richtlinien, die die Messung von immateriellem Vermögen vorschreiben.
- Die Messung von immateriellen Gütern am Beispiel des Wertbeitrages des Markenwertes.

Beitrag

Immaterielles Vermögen ist ein komplexes Konstrukt, das viele Faktoren umfasst.

Immaterielles Vermögen ist ein komplexes adaptives System. Es bildet im Rahmen leistungsfähiger Geschäftskonzepte das Potenzial für eine nachhaltige Wertsteigerung eines Unternehmens. Eine weite Interpretation des Begriffs immaterielles Vermögen unterscheidet die folgenden zwölf Elemente: Strategieumsetzung, Anpassungsfähigkeit, Innovation, Wissenskapital, Humankapital, Arbeitsplatz, Organisation und Kultur, Technologien und Prozesse, Netzwerke und Allianzen, Markenkapital, Reputation, Kommunikation und Transparenz. (1)

Immaterielles Vermögen ist quantitativ schwer messbar.

Der Unterschied zwischen dem Finanzkapital eines Unternehmens und seinem Marktwert wird auf den

Wert der immateriellen Ressourcen zurückgeführt. Diese immateriellen Ressourcen kann man unterteilen in
- Humankapital (Wissen und Kompetenz der Mitarbeiter)
- Kundenkapital (Kundenstamm; Kundenbeziehungen)
- Partner-/Allianzkapital (Anzahl und Potenzial der Partnerschaften)
- Strukturkapital (Leistungsfähigkeit der internen Organisation und Image des Unternehmens oder der Marke)

Hierbei spielt das Strukturkapital eine besondere Rolle, da es die Basis und Voraussetzung für den Aufbau und die Nutzung der anderen Formen des immateriellen Kapitals darstellt.

Alle diese Potenziale spiegeln sich nicht im Buchwert des Unternehmens wider, an der Börse aber werden sie langfristig durch steigende Kurse und einen höheren Marktwert des Unternehmens ausgedrückt. Der Marktwert börsennotierter Unternehmen übersteigt den Buchwert häufig um ein Vielfaches. Um diese Werte zu messen und eine optimale Ressourcenallokation zu gewährleisten, muss ein geeignetes Controlling aufgebaut werden, welches die spezifische Kostenstruktur sowie die Wertschöpfung abbildet. Denn der Aufbau immateriellen Vermögens erfordert hohe Investitionen, seine Nutzung (Verwendung eines Markennamens, Gebrauch und

Vervielfältigung von Software, Verwendung des Wissens eines Mitarbeiters) verursacht dagegen kaum Kosten. Traditionelle Controllingverfahren, die die effiziente Nutzung der Vermögensgegenstände und die optimale Auslastung der vorhandenen Kapazitäten steuern, sind allerdings wenig bis kaum geeignet. Während die materiellen Produktionsfaktoren während der Leistungserbringung verbraucht werden, ist dieses bei intangiblen Gütern nicht der Fall. Im heutigen Controlling sind geeignete Methoden oder Tools, die den Aufbau, Einsatz und die Nutzung des intangiblen Vermögens beurteilen und steuern können, nicht vorhanden. Der Wert intangibler Güter wird ja durch die Nutzung häufig sogar erhöht (und nicht gemindert), so z. B., wenn ein Mitarbeiter in einem Projekt sein Wissen durch diese Mitarbeit noch erhöht anstelle es zu verringern. Die **Verfügungsrechte** an einzelnen Komponenten immateriellen Vermögens haben recht unterschiedliches Ausmaß. So können z. B. eine Marke oder ein Patent geschützt werden, der Wechsel eines erfahrenen Mitarbeiters zu einem Konkurrenten aber nicht ausgeschlossen werden. Dieser Effekt begrenzt oder gefährdet den potenziellen Nutzen einer Investition in Intangibles und erhöht dadurch ihr Risiko. Da der Markt für diese Intangibles darüber hinaus nicht frei ist, wird deren objektive Bewertung erschwert. Ein weiterer zu

berücksichtigender Faktor ist, dass Investitionen in immatierelles Vermögen, wie z. B. der Aufbau einer Marke oder die Ausbildung eines Mitarbeiters bilanziell nicht als Investition sondern als Aufwand erfasst und verbucht werden. Somit entziehen sich derartige Ausgaben einer investitionstechnischen Beurteilung. Um eine immaterielle Investitionsrechnung durchzuführen muss darüber hinaus von zwei time lags ausgegangen werden, deren Länge geschätzt werden muss.
- Investment effectiveness lag ist bestimmt durch die Zeitdauer zwischen der Investition und die Auswirkung auf den Wert des intangiblen Kapitals
- Intangible effectiveness lag bemisst die Zeitdauer zwischen der Steigerung des intellektuellen Kapitals und deren Wirkung auf das Ergebnis bzw. den Unternehmenswert

Der Fokus auf Investitionen in physisches Vermögen führt zumindest bei wissens- oder markenintensiven Geschäften zu einer systematischen Fehlallokation von Ressourcen.

Eine geeignete Methode, Investitionen in immaterielles Vermögen zu steuern besteht in der Anwendung des Realoptionsansatzes (s. entsprechendes Knowledge Summary). So könnte eine solche Investitionsentscheidung auf objektive Rahmendaten aufbauen und das Management würde für die Bedeutung von Intangibles sensibilisiert.

Das Controlling muss berücksichtigen, dass ein Unternehmen neben finanziellen auch immaterielle Erlöse erwirtschaftet. So müssen in einem Controlling auch immaterielle Erlöse wie die Verbesserung des Firmenimages durch Referenzkunden, die Erhöhung der Innovationskraft durch Projekte mit besonders innovativen, kritischen und anspruchsvollen Kunden oder die Steigerung der Kompetenz der Mitarbeiter durch neuartige und innovative Kundenprojekte gemessen werden. Die alleinige Ausrichtung des Controllings auf monetäre Erlöse ist für eine langfristige wertorientierte Unternehmensführung nicht ausreichend. Denn es ist immer zu berücksichtigen, dass monetäre Erlöse das Ergebnis der Nutzung von intellektuellem Kapital sind, welches in der Vergangenheit aufgebaut wurde. Immaterielle Erlöse sind notwendig, um die Ertragskraft des Unternehmens und somit seine zukünftigen monetären Erlöse sicherzustellen. Werden vom Unternehmen hier keine Controlling-Instrumente aufgebaut, die die Sicherstellung ausreichender immaterieller Erlöse überwachen, kann der zukünftige Bestand eines Unternehmens trotz hoher finanzieller Ergebnisse in der Gegenwart gefährdet sein.
Allerdings besteht für die Unternehmen von rechtlicher Seite kein Leidensdruck ihr Controlling entsprechend neu zu organisieren, um ihr

immaterielles Vermögen im externen Rechnungswesen explizit auszuweisen. Zwar gibt es schon eine ganze Bandbreite von Bewertungsverfahren, eine standardisierte Vorgehensweise fehlt aber noch.

Im Vordergrund der Fragestellungen eines Unternehmens sollte aber nicht die Höhe des monetären Wertes der intangiblen Güter stehen, da eine objektive Ermittlung kaum möglich erscheint. Vielmehr ist eine zielgerichtete Gestaltung des intangiblen Kapitals zur Steigerung des Unternehmenswertes und damit letztendlich der Transformation von Intangibles in monetäre Resultate von Bedeutung. Das Controlling sollte sich daher auf die Steuerbarkeit und qualitative Messung konzentrieren, um damit auch die Natur dieser Güter und ihre Auswirkung auf den Unternehmenswert zu verstehen. (2)

Es gibt kaum rechtliche Richtlinien, die die Messung von immateriellem Vermögen vorschreiben.

Analysten wie auch Investoren müssen den Wert immateriellen Vermögens schätzen, aufgrund mangelnder Einsicht bzw. mangelndem externen Reportings seitens der Unternehmen.

Das einzige intangible Gut, welches in den USA extern reported werden muss, sind die Aufwendungen in Forschung und Entwicklung (6) Diese können wie auch nach IAS aktiviert und über mehrere Jahre abgeschrieben werden. Nach HGB werden diese Ausgaben als Aufwendungen gebucht und verringern den Periodengewinn.
Nach US-GAAP besteht darüber hinaus die Möglichkeit, ihre Marke als Vermögen auszuweisen. In Deutschland dürfen Marken nur bilanziert werden, sofern sie zugekauft wurden. Außerdem können nach Unternehmenskäufen in der immateriellen Rubrik der Geschäfts- oder Firmenwert ausgewiesen werden. Dieser "Goodwill" ergibt sich aus der Differenz des Kaufpreises zum Substanzwert des Unternehmens. Aus diesen unterschiedlichen Bewertungsvorschriften ergeben sich genügend Möglichkeiten für Unternehmen bei Wahl der richtigen Regelungen, ihre Ergebnisse entsprechend zu manipulieren. (3)

Die Messung von immateriellen Gütern am Beispiel des Wertbeitrages des Markenwertes

Zu dem immateriellen Vermögen eines Unternehmens gehört auch die Marke. Wie bei allen immateriellen Gütern eines Unternehmens, besteht auch bei dem Gut Marke die Aufgabe in der Ermittlung des Wertes dieser.
Kritikpunkte in der Messung bestehen unter anderem darin, dass die Ansätze zur Messung des Markenwertes intransparent sind. Häufig sind Expertenmeinungen bezüglich des zukünftigen Potenzials einbezogen. Aber auch die Verbindung der einzelnen Komponenten, die den Wert ausmachen, ist nicht klar ersichtlich. Da sich zumindest bisher kein Standard herausgebildet hat in der Bewertung, ist gerade die Transparenz im Verfahren zu gewährleisten, um die Glaubwürdigkeit zu vermitteln. Fraglich ist auch das Zurückgreifen auf Modelle und Daten der Buchhaltung, um quantitative Auswirkungen des Gutes Marke zu ermitteln. Um die Wertschaffung klar zu identifizieren ist es im Rahmen quantitativer Überlegungen deshalb notwendig, Zahlen zu verwenden, die wertorientierte Informationen beinhalten. So wären z. B. die Opportunitätskosten für das investierte Geschäftsvermögen vom Ergebnis abzuziehen.
Die Besonderheit in der Bewertung des immateriellen Gutes Marke liegt in der Langfristigkeit der Wirkung von Marken. So kann sich insbesondere bei neuen Marken ein negativer Wertbeitrag ergeben, da die Aufbaumaßnahmen zunächst hohe Kosten

verursachen, die Umsätze aber erst im Steigen begriffen sind. Somit müssen Abschätzungen über die Auswirkungen der Marke in der Zukunft berücksichtigt werden. Um das zukünftige Potenzial zu schätzen, sind Finanzkennzahlen, die den Erfolg aktueller oder historischer Perioden messen wie auch qualitative Faktoren, die sich auf die Kundenwahrnehmung der Marke als Basis einer heutigen Kaufentscheidung beziehen, nicht ausreichend.

Um einen immateriellen Wert wie die Marke durch das Controlling messen lassen zu können, benötigt man einen Identifizierung der relevanten Werttreiber und deren detaillierte Einbettung in ein Controllingsystem, in dem die Entwicklung einzelner Maßnahmen und Auswirkungen auf die einzelnen werttreibenden Attribute gesteuert und verfolgt werden können. Dabei können die zentralen Werttreiber sich von Unternehmen zu Unternehmen unterscheiden (Marke bei Unternehmen wie Coca-Cola oder Nike, Wissen der Mitarbeiter bei McKinsey oder SAP). Und ein solches Controllingsystem wiederum ist notwendig, um unternehmerische Entscheidungen zur Markenführung auf eine rationale Basis zu stellen.

Einen Lösungsansatz stellt das wertorientierte Markenmanagement von Stern Stewart & Co dar, welches die Anforderungen an eine wertorientierte Markensteuerung berücksichtigt.

Die Bausteine hierfür sind:
- Markenanalyse
- Wettbewerbsanalyse
- Wertbeitragsanalyse

Im Rahmen der **Markenanalyse** werden vier Indikatoren herangezogen, die Markenstärke zu messen:
- Differenzierung
- Relevanz
- Ansehen
- Bekanntheit

Die **Wettbewerbsanalyse** analysiert die zur Abklärung des Untersuchungsobjektes relevanten Marktteilnehmer.

Die **Wertbeitragsanalyse** ermittelt die aktuellen und zukünftigen Wertbeiträge für die Marke. Der heutige Wert berechnet sich durch Subtraktion der Kapitalkosten auf Basis des zurechenbaren Geschäftsvermögens vom operativen Ergebnis. Der zukünftige Wertbeitrag ermittelt sich aus der Subtraktion des materiellen Geschäftsvermögens vom gesamten Marktwert des Unternehmens.

Die Markenbewertung ergibt sich aus einer mathematischen Verknüpfung der einzelnen Ergebnisse dieser drei Bausteine und setzt sie in Korrelation zu den Wertkennzahlen der relevanten Marktteilnehmer. (4)

Fallbeispiele

Die Ermittlung des monetären Wertes eines intangiblen Gutes gewinnt insbesondere bei der Veräußerung von Unternehmen an Relevanz, ist heute aber großenteils noch vom Verhandlungsgeschick der Partner abhängig. Es sei nur an den Kauf von der maroden Rolls-Royce Produktionsstätte für 780 Mio. US-Dollar durch VW im Jahre 1998 erinnert, wohingegen BMW sich vom Triebwerkshersteller Rolls-Royce die Namensrechte für "nur" 66 Mio. US-Dollar erwarb. (2)

Das Value Reporting von Pricewaterhouse Coopers sieht eine Gliederung des Berichtswesens in folgende vier Säulen vor: Marktübersicht, Strategie, wertorientiertes Management (finanzielle Performance, Finanzlage, Risikomanagement, segmentbezogene Leistungsdaten), Wertebasis (Innovation, Marken, Kunden, Lieferkette, Human Resources und Reputation). Allerdings gibt es keine Aussage darüber, wie das immaterielle Vermögen im Rahmen des jeweiligen Geschäftskonzeptes als Werttreiber wirkt. (1)

Der Merger zwischen Hewlett-Packard und Compaq hatte zu vielen Kontroversen geführt bzgl. des Nutzens dieses Mergers sowie der Frage, ob er sinnvoll ist. Die verschiedenen Interessengruppen wurden über die aus diesem Merger resultierenden Vorzüge aufgeklärt. Wesentliche angeführte Punkte

waren, dass die neue Organisation substantielle Kostenvorteile erwirtschaften könnte, ihre Produktlinien zusammenführen könnten und das man danach ein wesentlicher Player im hochprofitablen High-Tech-Sektor sein könnte. Die Gegner führten an, dass Merger derartiger Größenordnungen bisher selten erfolgreich waren, dass beiden Firmen gutes Business-Service-Personal fehlen würde und das die Hauptproduktlinien der beiden Unternehmen, nämlich PCs, ein Produktgebiet mit messerscharfen Spannen wäre.
Diese Kontroverse wäre ein ideales Feld für Spezialisten in intangible Güter gewesen, da beide Firmen extrem "intangibel-fokussiert" sind. Beide besitzen zahlreiche und wertvolle Patente, bekannte Marken mit hoher Reputation und hochqualifiziertes Personal. (6)

Beim Energiekonzern RWE nahm das immaterielle Vermögen in 2002 um zehn auf 18.5 Milliarden Euro zu. Gemäß dem Geschäftsbericht übersteigt dieser Bilanzposten das Eigenkapital um mehr als das Doppelte. (3)

Der VW-Konzern bilanziert nach IAS und weist für das Jahr 2002 immaterielle Vermögenswerte von 7,7 Milliarden Euro aus. Rund 2,5 Milliarden Euro hiervon sind in 2002 neu aktivierte Entwicklungskosten. VW hat in 2002 56 Prozent seiner Forschungs- und Entwicklungsausgaben aktiviert. Bei BMW lag diese Quote dagegen nur bei rund einem Drittel.

VW weist für 2002 einen Gewinn nach Steuern von 2,6 Milliarden Euro aus. Durch die Verschiebung der Entwicklungskosten in die Aktiva sind die Aufwendungen um etwa 1,5 Milliarden Euro verringert worden, was das Ergebnis um diesen Betrag "verschönt" hat. (3)

AOL Time Warner hat im Jahre 2002 die Rekordsumme von 100 Milliarden US-Dollar Goodwill abgeschrieben. (7)

Weiterführende Literatur

(1) Servatius, Gerd, Immaterielles Vermögen, Innovative Geschäftskonzepte und nachhaltige Wertsteigerung, Controlling, Heft 3-4/2003, S. 155-161 aus CYbiz Nr. 01-02 vom 06.02.2003 Seite 044

(2) Stoi, Roman, Controlling von Intangibles, Identifikation und Steuerung der immateriellen Werttreiber, Controlling, Heft 3-4/2003, S. 175-183 aus CYbiz Nr. 01-02 vom 06.02.2003 Seite 044

(3) Bilanzen 2002 Schöner Schein
aus FOCUS-MONEY, 08.05.2003, Ausgabe 20, S. 012-014

(4) Fiedler, Ronald, Wertorientiertes Markenmanagement, Controlling, Heft 3-4/2003, S. 185-190
aus FOCUS-MONEY, 08.05.2003, Ausgabe 20, S. 012-014

(5) Edvinnson, Leif, Kivikas, Mart, The New Longitude Perspective for Value Creation, Controlling, Heft 3-4/2003, S. 163-167
aus FOCUS-MONEY, 08.05.2003, Ausgabe 20, S. 012-014

(6) Lev, Baruch, Intangibles at a Crossroads, Controlling, Heft 3-4/2003, S. 121-127
aus FOCUS-MONEY, 08.05.2003, Ausgabe 20, S. 012-014

(7) Die Blendwerk AG
aus Manager Magazin, 01.05.2003, Nr. 5, Seite 128

Impressum

Corporate Reporting / Controlling von immateriellem Vermögen

Bibliografische Information der deutschen Nationalbibliothek

Die Deutsche Nationalbibliothek verzeichnet diese Publikation in der deutschen Nationalbibliografie; detaillierte bibliografische Daten sind im Internet über http://dnb.d-nb.de abrufbar.

ISBN: 978-3-7379-0135-2

© 2015 GBI-Genios Deutsche Wirtschaftsdatenbank GmbH, Freischützstraße 96, 81927 München, www.genios.de

Alle Rechte vorbehalten. Dieses Werk ist einschließlich aller seiner Teile – z.B. Texte, Tabellen und Grafiken - urheberrechtlich geschützt. Jede Verwertung außerhalb der Grenzen des Urheberrechtsgesetzes bedarf der vorherigen Zustimmung des Verlags. Dies gilt insbesondere auch für auszugsweise Nachdrucke, fotomechanische Vervielfältigungen (Fotokopie/Mikroskopie), Übersetzungen, Auswertungen durch Datenbanken oder ähnliche Einrichtungen und die Einspeicherung und Verarbeitung in elektronischen Systemen.